DISCOURS
QUI A REMPORTÉ
LE PRIX
A LA SOCIÉTÉ ROYALE
D'AGRICULTURE
DE SOISSONS,

EN L'ANNÉE 1779.

DISCOURS
QUI A REMPORTÉ
LE PRIX
A LA SOCIÉTÉ ROYALE
D'AGRICULTURE
DE SOISSONS,

EN L'ANNÉE 1779;

Sur cette question proposée par la même Société :

Quels sont les moyens de détruire la Mendicité, de rendre les Pauvres valides utiles, & de les secourir dans la ville de Soissons?

Par Mr. l'Abbé de MONTLINOT.

A LILLE,
Chez C. F. J. LEHOUCQ, Libraire, rue de S. Nicolas.

M. DCC. LXXIX.
Avec Permission.

De mendico male meretur qui dat ei, quod edat aut bibat, nam & illud quod dat perdit, & producit illi vitam ad miseriam.

PL.

ÉPITRE DÉDICATOIRE.

J'Écris pour les Pauvres ; c'eſt à un ami des Pauvres que je voudrois dédier cet ouvrage.

Il eſt trop vrai que par l'organiſation même des corps politiques, l'inégalité des richeſſes eſt l'effet naturel des richeſſes mêmes, & que l'extrême richeſſe dans une claſſe entraîne néceſſairement l'extrême misère dans une autre.

Il eſt trop vrai que dans les Gouvernemens les plus libres, les inſtitutions, les mœurs, l'opinion, la liberté même, tout pèſe ſur le peuple :

une des plus belles fonctions, un des premiers devoirs de l'administration, seroit donc de balancer, par une adroite & sage dispensation de l'autorité légitime, cet ascendant inévitable du puissant sur le foible, du riche sur le pauvre.

S'il y avoit un homme d'État philosophe qui eût consacré cette importante vérité dans un ouvrage éloquent & profond; si, appellé ensuite par la voix publique à une des premières places du Gouvernement, il n'avoit démenti par aucune de ses opérations les principes de justice & d'humanité qu'il auroit établis n'étant qu'homme privé; si, forcé de subvenir par des ressources extraordinaires à des besoins extraordinaires de l'État, il n'avoit cherché ces ressources que dans la réforme des abus & l'établissement de l'ordre, sans appesantir un moment le fardeau qui écrase le peuple; si l'objet le plus cher à son cœur, animé des mêmes vertus & guidé par les mêmes principes, occupé comme lui de tout ce qui peut adoucir les misères du peuple, avoit enfin résolu le problême si important & si difficile de procurer aux moindres frais possibles les secours les plus efficaces aux maux de l'humanité souffrante; ce seroit à cet homme d'Etat que j'aimerois à consacrer le fruit de mes pensées sur un objet digne de fixer toute son attention. Mais il ne permettroit peut-être pas que son nom parût à la tête d'un si foible *ouvrage : occupé à mériter par ses travaux les bénédictions du pauvre, la reconnoissance de la nation & l'estime de la postérité, pourroit-il être flatté de ces éloges publics, toujours suspects, parce qu'ils sont presque toujours dégradés par un vil intérêt ?*

DISCOURS QUI A REMPORTÉ LE PRIX A LA SOCIÉTÉ ROYALE D'AGRICULTURE DE SOISSONS, EN L'ANNÉE 1779.

IL n'eſt pas de queſtion plus importante pour l'humanité que celle propoſée par la Société Royale d'Agriculture de Soiſſons : cette Société demande que je m'occupe du ſoulagement des pauvres. Homme indigent & malheureux, je vais donc parler de tes droits; je les chercherai dans mon cœur! Ils y ſont écrits en caractères ineffaçables. J'écarterai autant qu'il eſt poſſible de tes yeux affligés ce code cruel qui, ne cherchant qu'à mettre une triple enceinte autour des propriétés du riche, te laiſſe, nu & déſarmé ſur la terre, heurter en vain contre tant de barrières impénétrables: je ne te repouſſerai point, ô mon frère! dans ces lieux infects où l'on entaſſe les indigens; je ne te couvrirai point de la livrée de l'opprobre; je voudrois voir briſer ces trophées du luxe, ſuſpendus à la porte des aſyles de la pauvreté, & ſur leſquels planent toujours la honte, la douleur & la mort. Si j'avois à plaider la cauſe du pauvre devant une troupe de Sibarites, je me contenterois peut-être de solliciter quelques secours, en promettant d'éloigner de leurs yeux le spectacle de la misère; mais je parle devant un Tribunal respectable, composé d'hommes vertueux & sensibles; puissais-je me rendre digne d'eux & de mon sujet, en accordant tout à la fois, avec la douceur de l'Evangile, la sévérité des Loix & l'honneur de l'humanité.

La question que je vais traiter ici renferme deux objets: *par quel moyen peut-on venir à bout de détruire la Mendicité?* Ma réponse est simple; ne faisons plus d'aumônes & détruisons les Hôpitaux. *Comment rendre les mendians utiles sans les rendre malheureux?* N'exigeons plus du pauvre un travail commun au profit des administrations de charité ; ſoutenons les mains laborieuſes de l'indigent, & laiſſons le jouir de ſon exiſtence, d'un air pur & de la liberté. L'application de ces principes à la ville de Soiſſons, remplira, je penſe, l'eſprit du Programme de la Société d'Agriculture. Je vais tâcher de développer ces idées ; mais, obligé de détruire d'anciens préjugés, j'aurois beſoin d'éloquence, de talens, & je n'ai pour me ſoutenir que du courage & la dignité de mon ſujet.

LOUIS XIV, dont la flatterie encenſa preſque toutes les actions, enivré de gloire, préférant preſque toujours la ſplendeur du trône au bien réel des peuples, eſt en quelque ſorte le fondateur de tous les hôpitaux. Il commença par doter celui de Paris, & y entaſſa trois milſe mendians valides & invalides : on ne ceſſoit de vanter un établiſſement auſſi utile, & l'on *béniſſoit Dieu*, pour me ſervir de l'expreſſion du Prince, à meſure que la foule des indigens augmentoit. Les grandes Villes du Royaume voulurent imiter leur Maître : on réunit toutes les fondations pieuſes ; on éleva des édifices ſuperbes ; on nomma des adminiſtrateurs, des régiſſeurs, & le nombre des mendians s'accrut : toutes ces maiſons ſurchargées de pauvres de tout âge, de tout ſexe, ne purent ſoutenir les frais immenſes qu'occaſionnoient des régies commencées avec faſte, & que l'on vouloit ſoutenir avec éclat : toutes ſollicitèrent de nouveaux ſecours, des emprunts, des impoſitions, mais malgré ces faveurs, la plupart firent une faillite déshono-

Lett. du Roi de 1680.

rante en manquant à payer leurs obligations ; presque toutes enfin réduisirent au moindre nombre possible les indigens qu'on devoit secourir ; il fallut alors du crédit pour obtenir le manteau de la pauvreté. Les legs pieux, les aumônes abondantes ne cessèrent cependant pas d'aller s'engouffrer dans ces maisons de charité. Qu'on ne s'imagine pas que j'exagère ici : je connois trois hôpitaux placés dans trois Villes de France, au moins du second ordre ; deux ont fait banqueroute, le troisième a obtenu un impôt considérable, & avec deux cens mille livres de rente on y entretient fort mal environ deux mille pauvres, dont dix-huit cens au moins sont valides & gagnent au delà de ce qu'ils dépensent.

Au milieu des embarras qu'occasionnoit la foule de mendians qui se présentoient à la porte des maisons de charité, on n'imagina rien de mieux que de repousser les pauvres : on mit en vigueur les anciens Réglemens coërcitifs contre la mendicité : on en promulga de nouveaux, & nous avons vu de nos jours le mal parvenu à un point qu'on a été obligé dans tout le Royaume de placer des Satellites sur les grands chemins, dans les places publiques : avec une verge de fer on a vu chasser les mendians : semblables à des troupeaux de bêtes fauves, on les a fait entrer dans des parcs, ou dans des repaires infects : j'ai frémi pour l'humanité en comparant ces repaires aux chenils des grands Seigneurs; l'homme y étoit bien moins soigné que l'animal qu'on y nourrit pour le plaisir. Le Gouvernement fatigué ſans doute des dépenſes qu'entraînoit ce ramas dégoûtant d'hommes vils, les livra à des Régiſſeurs qui, dans ce genre d'adminiſtration ſourde, comptèrent ſur des profits : on a vu diſparoître à la vérité des grands chemins les mendians qui les infeſtoient & que les hôpitaux ne vouloient, ni ne pouvoient recevoir, mais le nombre des malheureux n'a point diminué ; le froid, la faim, le déſeſpoir ont tué les vrais pauvres, les émigrations ont été conſidérables, & malgré toute la ſévérité des Loix, la porte des riches, des gens prépoſés à la diſtribution de l'aumône, a été aſſiégée, & la Mendicité dans quelques provinces a repris ſon ancien cours : la misère enchaînée pour un inſtant a briſé de nouveau ſes fers ; les veuves, les orphelins, n'ont pas ceſſé de lever les mains au Ciel pour demander les ſecours d'une nouvelle manne : je ſuis cependant obligé de convenir que les ordres rigoureux donnés à la Maréchauſſée du Royaume, ont purgé les grandes routes d'une infinité de vagabonds qui étoient peut-être à la veille de devenir des aſſaſſins, mais cet acte de ſévérité n'a produit qu'un bien inſtantané ; il falloit y ajouter d'autres moyens pour réprimer la fainéantiſe, parce que condamner le pauvre à périr dans le ſilence & l'obſcurité, n'eſt qu'un arrêt cruel quand on ne remédie point à ſes maux : ſi je force l'infortuné à n'avoir plus qu'une douleur muette & à m'attendre dans ſa chaumière, je n'en ſuis que plus obligé de voler à ſon ſecours. La ſévérité des Ordonnances n'a donc pas détruit la Mendicité ;

on n'a point attaqué le mal dans sa ſource : quand une Loi eſt inſuffiſante pour réprimer un déſordre, il faut multiplier les Réglemens pour la faire exécuter, mais il arrive à la fin que la Loi & les Réglemens tombent en déſuétude. Les hôpitaux d'un autre côté ne pouvoient donner aſyle à tous les pauvres valides qui ſe préſentoient; ceux qui ont pu échapper à la faim ſe ſont expatriés, ou ſont tombés à la charge des Villes. Il ne faut pas croire qu'en augmentant le revenu des hôpitaux, on puiſſe eſpèrer d'alimenter tous les malheureux, & que ces maiſons puiſſent rendre à la Ville, à la Province pour leſquelles elles ſont deſtinées, le ſervice de retenir les hommes dans leur patrie : les hôpitaux n'ont pas le ſeul inconvénient d'abſorber des revenus immenſes pour produire peu de bien, ils augmentent encore le nombre des indigens & ſont un tort réel à l'État.

C'eſt un axiome de politique que par tout où l'on trouve plus avantageux de ne rien faire que de travailler, le nombre des pauvres s'accroîtra dans cette proportion. L'Italie & l'Eſpagne, les deux pays de l'Europe où il exiſte le plus de maiſons de charité, ſont auſſi les pays où il y a le plus de mendians. Les aumônes abondantes & indiſtinctement répandues, ont forcé ces peuples à réduire en art la Mendicité. Les fainéans ont trouvé le moyen d'exciter la compaſſion par des plaies artificielles, de ſéduire les ames pieuſes par des pélerinages de toute eſpèce, & même d'amuſer l'oiſiveté des riches; car un mendiant

Eſpagnol avec ſa guitare & ſon chapelet, n'eſt qu'un Comédien inſolent, qui ſe joue tout à la fois de la Religion & des hommes, L'Angleterre, cette Iſle célèbre dont la conſtitution a tant d'admirateurs, à force de multiplier les hôpitaux, les aſſociations, les ſouſcriptions, ſemble auſſi avoir multiplié le nombre des indigens: quelques politiques Anglois ſe ſont juſtement élevés contre le zèle de leurs compatriotes, perſuadés que le but d'une bonne légiſlation doit être non ſeulement de ſoulager les indigens, mais de prévenir l'indigence. Si quelque choſe cependant peut juſtifier la noble & généreuſe compaſſion des Anglois, c'eſt qu'ils ſont les ſeuls, en Europe, qui aient accordé une retraite honnête aux familles aiſées, que des malheurs imprévus, publics ou particuliers ont plongées subitement dans la disette la plus affreuse. Il est sans doute des infortunés dont l'éducation augmente encore les malheurs ; peuvent-ils jamais, sans désespoir, partager le pain des pauvres & se trouver confondus avec les dernières classes du peuple ? Fertiles contrées de l'Europe où les hommes sont encore comptés pour quelque chose, je ne puis faire un pas sans rencontrer des asyles ouverts au silence, au jeûne, à la contemplation ! Je vois mille associations de célibataires & pas une de gens mariés ; la tendresse conjugale est par tout inquiéte & sans secours ; l'aumône la plus avilissante est tout ce que l'on offre aux familles vertueuses & tendres qui mettent le bonheur dans leur union. En général, notre manière de secourir les indigens est petite & meſquine : ſi l'Angleterre péche par des aſſociations diſpendieuſes & peut-être trop multipliées, il faut convenir qu'en France nous n'avons encore porté nos vues que ſur le peuple. Le plan ſur lequel nos maiſons de charité ſont dirigées, ſervent à fomenter la pareſſe du pauvre : on l'accoutume à s'iſoler & à contempler d'un œil ſec l'aſyle de la miſère : il calcule d'avance le degré de privation qu'on infligera à la débauche, à la crapule & à l'oiſiveté. On ne ſauroit croire combien il eſt dangereux d'endormir l'activité des hommes ſur l'avenir. J'ai vu dans toutes les Villes où il y a des hôpitaux, que les pauvres ſont moins laborieux & plus débauchés : quand on s'aviſe de leur faire quelques leçons, en leur peignant l'avenir le plus affreux, ils répondent avec ce ſens froid qui déſole l'ame honnête : *j'irai à l'hôpital* ; expreſſion du peuple à la vérité, mais qui doit être recueillie par le Philoſophe, puiſqu'elle annonce que le pauvre ne fait aucun effort pour ſe mettre à l'abri de la misère & qu'elle détruit le ſeul reſſort qui meut les hommes, l'*eſpoir d'être mieux*. Qu'on jette un coup d'œil ſur les Villes les plus floriſſantes de la Hollande, on n'y rencontre aucuns mendians, mais auſſi n'y a-t'il aucune maiſon de charité : tout homme eſt obligé de travailler pour vivre ; il eſt aidé s'il eſt dans le beſoin ; il eſt juſtement arrêté s'il n'eſt que vagabond & fainéant. Ce n'eſt pas le lieu d'entrer dans les détails ſur la police qui régne entre tant d'hommes de communions différentes, & qui repousse chaque pauvre dans le centre de sa Secte : aux yeux de la politique cette police est juste & simple ; aux yeux de la Religion elle est admirable : elle démontre à l'Europe Chrétienne que la charité est le lien le plus fort qui unisse les hommes, & que les disputes théologiques n'ont pu le rompre. C'est déjà sans doute un grand mal que les hôpitaux entretiennent, augmentent même dans un pays le nombre des mendians ; ils sont encore tort à la Ville où ils existent & sont contraires au bien de l'État. Le premier embarras d'un administrateur d'hôpital, est d'occuper d'une manière utile trois ou quatre mille mendians valides, qu'une Province fournira pour peu qu'elle ait d'étendue : s'il veut établir une fabrique nouvelle, il faut une grande dépense

dépense d'outils, d'ustensiles: il se passe un long espace de temps avant que les nouveaux ouvriers aient acquis la célérité nécessaire: les profits ne secondant pas le zèle indiscret des Régisseurs, la fabrique s'écroule en peu de temps; d'ailleurs, pour obtenir la préférence sur d'anciennes fabriques, il faut vendre en dessous du prix courant; ces rabais, les frais de régie & la mauvaise qualité des matières ouvrées, démontrent bientôt l'impossibilité de soutenir une pareille fabrique. Dans un hôpital qui n'est pas éloigné des lieux où j'écris, on a voulu établir une manufacture de Serviettes; cette entreprise a ruiné la maison. Je pourrois citer d'autres exemples aussi frappans, mais il est inutile de multiplier les faits quand on annonce une vérité de tous les lieux

& de tous les pays. A ces considérations, il faut encore en ajouter une autre; toute fabrique nouvelle qui n'eſt pas le fruit de l'induſtrie & qui n'a pas pour guide l'intérêt perſonnel, ne peut réuſſir: c'eſt l'émulation, c'eſt le deſir d'un ſort meilleur qui tranſporte, quoique lentement, tous les arts, tous les métiers d'un pôle à l'autre; or, je demande quel courage, quelle induſtrie on peut attendre d'une troupe d'hommes, auxquels on ne donne que le pain de douleur, & que nul talent ne peut rendre ni plus riches, ni plus honorés? Jetons les yeux ſur ces vaſtes contrées cultivées par des eſclaves, la terre y eſt en friche, ou ne donne que le petit nombre de fruits que font germer la ſueur & le déſeſpoir. Si l'on établit dans un hôpital le genre de fabrique le plus en usage dans le pays, on fait un bien plus grand mal ; on nuit infailliblement aux petits ménages qui exercent ces métiers. Quoique tout ce qui sort des maisons de charité, soit moins bon que ce qui se fabrique par des mains libres, l'Administrateur veut vendre ; s'il cède ses marchandises au prix courant, il ruine la maison, à cause des frais de régie, d'achats, de vente. Comme il est pressé de réaliser le produit du travail d'un grand nombre de bras, & qu'il veut avoir la préférence, il vend au dessous du prix courant, alors il se ruine & ruine avec lui les ouvriers de la Ville, qui finissent par demander un asyle à l'hôpital. Ce genre d'administration est sans contredit le plus pernicieux de tous, puisqu'il rend les maisons de charité semblables à ces gouffres profonds, qui finissent par engloutir tout ce qui tourne autour d'eux. Quand on ne veut pas appauvrir le peuple, on ne sauroit croire avec quelle attention scrupuleuse il faut prendre soin des fabriques en vogue dans un pays : les plus légers changemens, les améliorations même, ne doivent se faire que lentement & avec précaution si l'on ne veut pas avoir une foule d'ouvriers découragés, & qui ne tardent pas à tomber dans l'indigence : c'est cet éloignement pour les nouveautés brusques, c'est cette habitude locale qui rend si difficile le transport d'une fabrique dans un autre lieu. Le mal se fait bien plutôt sentir si l'on habite un pays où la fabrique tient seulement au luxe & à la mode : il ne faut qu'une nouvelle fantaisie pour ruiner des milliers d'ouvriers. Les plumes des femmes de la Capitale, ont peut-être fait gémir plus de vingt mille ouvrières en dentelles, dans les ſeules Provinces de Flandres & du Hainaut. Quoique Paris ne puiſſe être comparé à aucune autre Ville de l'Europe, il ne faut pas trop s'accoutumer à mettre entièrement ſur le compte de notre induſtrie & de notre activité, cette quantité prodigieuſe d'hommes de tout genre qui viennent inonder les Provinces. Cent mille perſonnes au moins, ſont occupées dans la Capitale à ſatisfaire le luxe & les fantaiſies des riches : on n'invente pas une mode nouvelle que des milliers de bras ne ſoient en quelque ſorte arrêtés. Si une impulſion favorable ne ramène pas l'ouvrage, une partie de ces artiſans du luxe, ſont entraînés dans la débauche; le reſte s'écoule dans les pays étrangers & devient hiſtrion, eſcroc, & ſouvent pis encore.

Il réſulte de ce que je viens de dire, que ſi la politique, qui embraſſe tous les êtres d'un grand royaume, doit favoriſer les fabriques exiſtantes, & aſſurer aux ouvriers un état indépendant du caprice, il ſeroit abſurde de laiſſer faire aux maiſons de charité, avec le produit de l'aumône, une manœuvre ruineuſe pour elles-mêmes & pour le peuple qui les entoure. Un Adminiſtrateur d'hôpital qui veut attirer à lui le bénéfice d'une fabrique vivante, livre un combat au citoyen laborieux, dont il uſurpe le patrimoine ; il fait des pauvres pour avoir le droit de les nourrir.

S'il eſt vrai de dire que les hôpitaux nuiſent à ceux qui voudroient travailler, il eſt encore plus vrai de dire qu'ils nuiſent à la population & qu'ils tuent les hommes. Entrez dans un hôpital, calculateur politique, vous y verrez un célibat preſcrit par l'ordre que vous avez cru devoir établir! L'air mal ſain que vous reſpirerez, vous annoncera que vous allez trouver l'eſpèce humaine abâtardie. On peut demander en effet à ceux qui ont ſuivi les maiſons de charité, comme médecins, ſi preſque tous les jeunes gens ne ſont pas *rachitiques*, & toutes les filles *chlorotiques*: je ne parle pas de cette maladie horrible, connue ſous le nom de fièvre d'hôpital. Je connois une maiſon de charité, où la gale eſt endémique depuis plus de vingt ans, ſans que tout l'art de la médecine ait pu la vaincre; on ne fait que l'atténuer. Le mendiant valide enfermé dans un hôpital, n'eſt plus qu'un eſclave attaché à la glèbe qu'il façonne ; il eſt exempt de penſer ; on l'oblige d'étouffer tout ſentiment de parenté. Cet automate, dont l'Adminiſtrateur meut les reſſorts, n'eſt plus époux, ni père, & rien ne lui laiſſe eſpérer d'être conſolé dans ſa vieilleſſe. Mère tendre, ſi jamais l'infortune vous pouſſe dans ces maiſons, où la charité au lieu de lait ſubſtanciel ne donne qu'un poiſon lent aux malheureux qu'elles renferment, vos enfans ſeront revêtus de la livrée de l'opprobre : N'eſpérez plus rien d'eux ; on ſéparera le fils de la mère, l'épouſe de l'époux ; vos cœurs ſe durciront à la fin, la nature ſera muette, & la mort vous ſurprendra peut-être en faiſant des imprécations contre le Ciel. Tel eſt cependant en général le ſort de la plupart des malheureux qui habitent les hôpitaux : il faut n'avoir jamais vu de pauvres ménages, pour ne pas ſavoir combien plus facilement on ſupporte l'indigence quand on eſt réuni. Les pauvres qui n'ont pas encore perdu tout ſentiment moral, éprouvent quelques douceurs en comptant ſur le ſecours de leurs enfans, dans un âge plus avancé ; un peu d'aide les conſole ; le travail fait en liberté les diſtrait ; & ce n'eſt pas une petite conſidération en faveur de la ſociété, que d'accoutumer les pauvres à bénir Dieu, & ſur-tout à croire que la morale de l'Evangile n'eſt pas éteinte dans le cœur de tous les riches.

Les hommes faits qu'on enferme dans les maiſons de charité, périſſent preſque tous avant le temps, de maladie, de douleurs & d'ennui. Les enfans qu'on y élève, & auxquels on rend la liberté à dix-huit ou vingt ans, ne ſont ni robuſtes, ni propres à faire le bien de la ſociété où ils rentrent : ils ont preſque tous quelques vices de conſtitution, que la mauvaiſe nourriture & le défaut d'air leur a fait contracter : en général, ils ſont mauvais ouvriers, parce qu'ils ont appris leurs métiers ſans goût, ſouvent ſans choix ; l'habitude de ne point vivre avec leurs parens, leur donne une ſorte d'inſenſibilité qui ne les lie à aucun pays : la plupart quittent leurs métiers & deviennent vagabonds. Une réflexion que je ne crois pas haſardée, mais qui eſt bien affligeante pour les partiſans des maiſons de charité, c'eſt que ſi l'on vouloit ſe donner la peine de compulſer les Regiſtres de la Tournelle, on verroit que les deux tiers des grands crimes qui troublent l'ordre de la ſociété, ſont commis par des célibataires élevés dans les hôpitaux, ou échappés des maiſons de force. Quant aux filles qui ſortent des hôpitaux, elles y ont contracté des maladies cruelles, qui les rendent inféćondes: l'air de mal-adreſſe qu'elles apportent dans la ſociété, (n'ayant jamais rien appris de ce que doit ſavoir une femme,) les rend propres à peu de choſes: les moins gauches finiſſent par être de mauvaiſes ſervantes; celles qui peuvent avoir conſervé quelques agrémens extérieurs, ſans appui, ſans expérience, ſont facilement ſéduites: ainſi, les générations qu'élève un hôpital, ſont preſque toutes deſtinées à l'oiſiveté, au crime & à la débauche.

Cette peinture affreuſe des maux

que produiſent les maiſons de charité, nous conduit naturellement à parler de ce qui entretient le plus la fainéantiſe & la mendicité: je ne crains pas de le dire, c'eſt l'aumône. A Dieu ne plaiſe que je puiſſe être ſoupçonné d'ignorer que notre ſouverain Légiſlateur nous a fait un précepte de ſoulager nos frères ; je fronde la manière de faire l'aumône, & non la charité qui fait l'eſſence de la morale évangélique : beaux jours de la primitive Egliſe, où les hommes étoient frères & tous les biens communs, vous êtes diſparus pour jamais ! L'inégalité des conditions, tour à tour fruit de la force, de l'adreſſe & de la politique, ſemble avoir diviſé tous les individus de l'Europe en deux claſſes, celle qui a trop, & celle qui n'a rien. Dans tous les temps les ames tendres & pieuſes, touchées du ſort des malheureux qui les environnoient, fatiguées de remords pour des jouiſſances excluſives, ſur-tout dans le moment fatal où tous les biens de la terre ne ſont plus rien, ont cru devoir, par forme d'expiation, fonder des maiſons de toute eſpèce pour ſoulager les indigens. Il n'eſt pas de mon ſujet de parler du recouvrement de tous ces legs, de toutes ces aumônes faites à l'humanité, encore moins d'en faire une juſte répartition; mais on peut aſſurer qu'en France, le patrimoine des pauvres eſt tel qu'il pourroit nourrir le quart de la nation: malgré ces biens immenſes, la charité n'eſt point encore refroidie. Si j'avois la miſſion de l'orateur chrétien, je me contenterois de dire: *riches, faites l'aumône*, ſans m'embarraſſer de la manière dont le pain de l'aumône feroit diftribué ; mais cette tâche n'eft pas la mienne : c'eft du côté politique feul que je dois envifager la queftion qui m'occupe, en prouvant que l'aumône, qui n'eft pas la récompenfe du travail, entretient la Mendicité, nuit aux pauvres ménages, & du métier le plus vil, le plus contraire au bien général, en fait une profeffion lucrative. Le mendiant valide qui fe préfente ordinairement à nos yeux couvert de haillons, fe faifant un jeu des accens de la douleur ou du befoin, nous arrache toujours quelqu'argent par importunité : quelque foit le fentiment qui nous meuve, quelque modique que foit la fomme donnée, nous devons penfer que la même manœuvre fe répétera avec le premier paffant. Une journée écoulée dans la fainéantiſe, eſt toujours douce pour l'homme vil, qui ſe fait un art de ſon aviliſſement: il y a tout à croire qu'elle amenera une nuit de débauche. Je ne répéterai pas toutes les anecdotes que l'on rapporte des mendians qui ſont morts riches, en ne ſe refuſant en cachette aucuns des agrémens de la vie: il n'eſt perſonne qui ne ſache quelques faits qui confirment ce que j'avance.

Il eſt des hommes plus généreux qu'éclairés, qui raſſemblent à leur porte, à des heures fixes, avec une oſtentation, tout au moins indiſcrette, une certaine quantité de pauvres; le nombre en augmente chaque année, parce qu'en faiſant l'aumône de cette manière, on établit, ſans le ſavoir, une école de Mendicité, où les enfans viennent apprendre l'art ſi dangereux de recevoir ſans travailler. Je reviens encore à l'Italie, où les moines, les prélats, les grands ſeigneurs, ſont preſque tous d'accord pour attirer dans les cours de leurs palais tous les pauvres des villes ; je demande après cela ſi le peuple n'eſt pas bien perſuadé, que le meilleur métier, après celui de Caſtrati, de marchand de Madones, n'eſt pas le métier de mendiant ? On a été obligé de défendre à Paris les diſtributions publiques de vivres & d'argent, qui ſe faiſoient à la porte de certains Monaſtères, parce que ce genre d'aumônes, diſoient les Juges de police, attiroit une foule prodigieuſe de mendians étrangers, & engageoit les ouvriers à quitter leur travail.

Il eſt cependant bien dur de refuſer le pauvre qui nous appelle en en tendant la main ; il s'élève dans l'ame une ſorte de remords, ne fut-ce que pour avoir rejeté ce ſentiment ſi naturel, qui nous eſt commun avec les animaux, & que le défaut de mots particuliers nous force d'appeller également *compaſſion*: qui ſait ſi l'on n'enfonce pas une épine de plus dans le cœur du malheureux rebuté, & ſi l'on n'aiguiſe pas le déſeſpoir d'une ame profondément ulcérée ; ainſi, nous ſommes coupables envers la ſociété, en donnant l'aumône au mendiant qui ſe rit de notre pitié ; nous ſommes coupables envers l'humanité, en refuſant au pauvre la compaſſion qu'il mérite peut-être : c'eſt ſans doute pour empêcher ce double inconvénient que, dans quelques pays, on a impoſé une amende pour ceux que l'on ſurprendroit faiſant la charité ; mais outre que l'on a mis de l'orgueil à braver la loi, il a presque toujours été facile de l'éluder : il faut des espions, des archers, des sentences, tous moyens longs & dispendieux pour punir deux coupables que des Anges seuls pourroient juger; & qu'en résulte-t'il encore? un malheureux que l'on traîne en prison, un homme de moins dans la société, qui, malgré les risques, se trouve remplacé le lendemain par un autre : on a beau faire, la faim, quelque danger qu'il y ait, fera toujours sortir les loups de leurs repaires. Allez au devant du pauvre, faites-lui trouver dans sa maison le travail & le nécessaire, vous n'aurez plus besoin, ni de loix, ni de chaînes pour la Mendicité.

Un des plus grands inconvéniens de l'aumône donnée en pafſant, c'eſt qu'elle eſt toujours faite ſans réflexion. J'en appelle à vous, homme ſenſible & vrai, qui n'érigez pas en vertu une émotion paſſagère; avez-vous proportionné la charité que vous faites, à la famille, aux beſoins de celui qui vous a ſollicité? Eſt-ce à titre de récompenſe, pour un jour paſſé dans le travail, que vous avez ouvert votre bourſe? Non ſans doute; le plus adroit ou le plus importun des mendians, a tiré de vous tout ce qu'il a pu, en raiſon de votre ſenſibilité; vous ne vous êtes pas inquiété de ſavoir quelle ſeroit la deſtination de votre aumône: peut-on être cependant indifférent là-deſſus, quand on ſait que ce n'eſt qu'un préſent fait à l'Etat & à l'humanité. L'art de donner eſt peut-être plus difficile que l'art de recevoir. Pour fixer l'incertitude des perſonnes charitables, on a imaginé le privilége de mendier à certains pauvres, en leur aſſignant un lieu déterminé : c'eſt étrangement abuſer des hommes, de l'ordre & des loix, que de mettre la douleur en ſpectacle ſur un fumier. On doit avoir pourvu à la ſubſiſtance des malheureux, affligés de quelques maladies particulières. Quelle eſt la Province, la Ville, le Village, qui ne peut offrir aucun aſyle au petit nombre d'infortunés que la vieilleſſe ou des accidens fort rares, rendent incapables de tout travail ? Ce pauvre, d'ailleurs, ou pour parler plus correctement, cet homme, n'a-t'il pas les droits les plus ſacrés aux ménagemens que l'on doit aux malheureux ? Pourquoi vouloir encore affliger ſa misère, en le montrant au peuple dans un état d'abandon &

d'opprobre, & lui faire acheter le pain qu'il mange par des soumissions & des bassesses ? Si on accorde le privilége de mendier à des gens valides & capables encore de quelque travail, je demande quels seront la femme, les enfans d'un pareil homme ? Voilà des générations mortes pour l'honneur : on doit être sûr que les enfans chercheront à tirer tout le parti possible de la profession qu'ils auront vu exercer à leurs pères. Et vous, Magistrats ! qui intervertissez l'ordre établi par Dieu même, qui nous a condamné au travail, avez-vous bien pesé les inconvéniens d'un exemple pernicieux ? Songez que vous faites tort aux pauvres ménages, en amoncelant peut-être les charités sur une seule tête ; le sort de votre vil protégé paroîtra digne d'envie aux fainéans, &, sans le savoir, vous ferez naître l'audace ou la souplesse nécessaire, pour que des gens auxquels l'oisiveté est chère, viennent vous demander la permission de mendier publiquement.

A toutes les raisons que l'on vient de donner pour réformer les abus de l'aumône passagère & le danger des hôpitaux, il en faut joindre une plus puissante encore pour les ames sensibles; c'est que tous les établissemens de ce genre refroidissent la charité, & ôtent aux cœurs compatissans cette activité si nécessaire pour faire le bien; je dois développer cette idée. Quand on accuse ses contemporains, il faut pouvoir leur dire, pesez mes paroles & jugez mes raisons.

Depuis dix ans, les Sages du siècle ont en quelque sorte inondé la France de projets pour le bonheur des hommes : on s'eſt donné mille tourmens pour inventer des ſyſtêmes de population, d'agriculture & de commerce. On a fait paroître ſur toutes ces matières de longs traités ; tout le monde s'eſt agité ; les États, les Villes ſe ſont diputés les hommes, comme autrefois les rois paſteurs ſe diſputoient les moutons pour en tondre la laine, & en dévorer la chair. On ne peut cependant refuſer des louanges à ceux qui conſacrent leurs veilles à diſcuter des vérités auſſi intéreſſantes, & qui ont un rapport direct au bien public; mais nous ignorons encore malgré tant de leçons, juſqu'à quel point il eſt néceſſaire, pour le bonheur individuel, qu'un Etat ſoit peuplé, & ce qu'il convient de faire d'environ neuf cens mille hommes, qui, au moment où j'écris, languiſſent en France dans les priſons, les maiſons de force & les hôpitaux. Tout le fracas de nos principes politiques, réduits aux moindres termes poſſibles, n'ont guères porté que ſur l'art d'employer à peu de frais les hommes au ſervice des riches; auſſi, la molleſſe & l'oiſiveté ont-elles été regardées comme le terme du bonheur. La ſageſſe, qui diſſerte & pèſe l'utile ſur des lits de roſes, a remplacé cette ſageſſe active qui vivifie tout; la vertu qui ſoulage n'exiſte peut-être que dans nos livres & ſur les lèvres de nos moraliſtes. Parmi la foule de projets qui inondent le public, je n'en vois aucuns où l'on offre de nouvelles reſſources à l'honnête femme accablée ſous le faix de ſa fécondité, à l'indigent laborieux, à l'artiſan ſans travail. Toute notre induſtrie s'eſt bornée, juſqu'à préſent, à entaſſer les hommes dans des repaires infects, que l'on appelle hôpitaux. Tous les papiers publics ne ceſſent cependant de vanter avec une intempérance de paroles, ſouvent faſtueuſes, des actes de bienfaiſance très-ordinaires. Pauvres humains! on ne croit donc plus à la vertu, puiſqu'il faut la vanter ſi fort aux riches que la volupté endurcit. Je ne refuſe ſûrement pas le tribut de louanges que l'on doit à celui qui ſait conſoler l'affliction, aider le beſoin, encourager la foibleſſe; mais tous ces actes de bienfaiſance doivent être exercés dans le ſecret, & l'on doit en jouir comme chaque homme jouit du bonheur d'avoir une femme chaſte, un ami fidèle: je ne déſapprouve donc que la célébrité qu'on cherche à donner à des actions ſans leſquelles l'homme n'eſt plus qu'un monſtre. *Tu n'es pas un Dieu*, diſoient les Scythes au fier Alexandre, qui ſe faiſoit paſſer pour le fils de Jupiter : *Tu ne ſais pas faire de bien aux hommes.*

Les riches, cependant, ont fait un grand mal en laiſſant prôner leurs légères offrandes à l'humanité : chacun à moins de frais poſſibles, a voulu en faire afficher autant pour ſon compte, & la meſure des fortunes a été la meſure de la bienfaiſance. Quelques largeſſes préſentées ſous un point de vue extraordinaire, ou répandues ſur des gens fameux par quelques endroits, ont été vantées à la face de toute l'Europe, & le peuple qui ne ſait pas flatter, & le peuple qui ne peut rien demander, a durement été ſouſtrait à la vue de nos modernes Sibarites : de là les hôpitaux, les maiſons de force, les dépôts, & tant d'autres inſtitutions inconnues aux anciens, & dans des Etats bien autrement peuplés que les nôtres. Dès qu'on a ſu qu'il exiſtoit des maiſons rentées pour les pauvres, des hoſpices pour les vieillards, on a repouſſé dans ces triſtes aſyles tous ceux qui ſe préſentoient pour réclamer notre ſecours. Le cœur, dont la porte a beſoin d'être heurtée ſans ceſſe pour être entr'ouverte à la pitié, s'eſt fermé tout-à-coup dès que nous avons ceſſé d'entendre les accens de la douleur ou du beſoin ; car la compaſſion a ſa ſource dans la ſenſibilité phyſique, & cette qualité en nous a toujours beſoin d'exercice : dans nos mœurs actuelles, tout nous pouſſe vers l'inſenſibilité ; c'eſt une vérité de fait, que l'habitude de la volupté rend cruel ; or, les hôpitaux favorisent encore cette insensibilité, en éloignant de nos yeux le spectacle de l'infortuné, luttant contre l'inclémence du ciel & la faim. La compassion, la générosité n'ont plus d'aliment ; on ne peut aimer ceux avec lesquels on n'a plus de relations : la cruauté même s'excuse, avec une apparence de raison, en se reposant sur l'Etat du soin de nourrir les pauvres, de les séparer du riche, & de les pousser avec un fouet dans ces demeures silencieuses, où l'on étouffe leurs cris : alors on se livre sans remords à toutes les aisances du luxe ; chaque individu de la société laisse à des Régisseurs la pénible fonction d'acquitter pour lui le précepte le plus sacré de l'Evangile. Au nom du bien public, les maisons rentées engloutiſſent le pauvre & ſa génération. Comme perſonne ne s'occupe plus de la liberté, de la ſanté, de l'éducation de l'indigent, les plaintes ſi déchirantes des infortunés montent toutes entières vers le ciel, & la main du riche n'en intercepte pas le cours.

J'ai ſous les yeux beaucoup de détails ſur une Ville très-conſidérable de la France. Avant qu'on y établit un hôpital, les quêtes, les aumônes, rapportoient dix à douze mille francs par année; cette reſſource eſt preſque nulle aujourd'hui : on ſe repoſe entièrement ſur l'hôpital du ſoin de nourrir les pauvres, & d'entaſſer, comme le peut cette Adminiſtration, hommes, femmes, enfans & vieillards, dans des lieux très-mal-ſains.

Je crois avoir aſſez prouvé que les hôpitaux & l'aumône arbitraire fomentent la pareſſe, & que de leur ſuppreſſion ſuit auſſi la ſuppreſſion de la Mendicité: voyons actuellement les moyens de remplacer ces deux reſſources des pauvres: examinons quels Réglemens il faut publier, quel genre de charité il convient d'avoir pour que l'indigent ait des ſecours, travaille, chériſſe la patrie, ce qui en d'autres termes eſt le rendre utile à l'Etat, ſans le rendre malheureux.

Avant que de remplir la ſeconde tâche que je me ſuis impoſée, je crois devoir prévenir qu'en parlant des mendians & des pauvres, je n'entends former aucun plan pour les maiſons de force qui ſervent à contenir les mendians incorrigibles, ou les hommes flétris, que des raiſons particulières obligent en quelque ſorte d'enchaîner: ces établiſſemens, qui doivent être peu nombreux, adminiſtrés ſans faſte, ſont néceſſaires. Je ne parlerai pas non plus des maiſons deſtinées à recevoir les malades qui n'ont point d'aſyle, les enfans qui n'ont pas d'autres pères que la patrie, ces refuges ſont utiles: peut-être devroient-ils être dirigés ſur des principes bien différens de ceux que l'on y ſuit; mais ces détails ne ſont pas de mon ſujet; il n'eſt queſtion ici que des pauvres plongés dans le beſoin par la cherté des vivres, le défaut de travail ou des malheurs imprévus: je reſtreins mon ſujet aux mendians valides, & c'eſt, je crois, l'eſprit du Programme de l'Académie.

La première difficulté qui ſe préſente à celui qui veut former des projets pour la nourriture &

l'entretien des pauvres, qui ne tarderoient pas à devenir mendians, regarde les Villages : ordinairement nulle fondation, nul hoſpice n'y exiſte ; les hommes preſque toujours iſolés, attendant tout du ciel & de leur travail, n'ont pas ſouvent la délicate ſenſibilité des gens oiſifs, encore moins la ſuperfluité des riches ; tout paroît donc y favoriſer la Mendicité, faute de moyens propres à la détruire ; les hommes doivent y être abandonnés, & par cela même inutiles à l'Etat. Gens à préjugés, qui ne voyez dans la manière de gouverner les pauvres, que des Bureaux, des Régies diſpendieuſes, des Protecteurs avec des revenus immenſes, écoutez ! Voici ce que de ſimples payſans font ſous vos yeux. Je ne vais pas dire ce que l'on devroit faire, mais ce qu'il ne tient qu'à vous de voir exécuter tous les jours : je n'irai point chercher mes exemples chez les nations étrangères. France ! ô mon pays ! tu renfermes dans ton ſein les établiſſemens les plus utiles, comme les êtres les plus aimables & les plus vertueux.

Dans pluſieurs Villages de la Flandre françoiſe, où la population eſt immenſe, on a trouvé le moyen d'arrêter la Mendicité, en obligeant chaque paroiſſe à nourrir ſes pauvres : les grandes Villes de cette Province ayant beaucoup de fabriques & d'hôpitaux, ont auſſi beaucoup de pauvres, d'adminiſtrateurs & de régies, ce qui met de la gêne dans toutes les opérations de charité : on a été contraint de refuſer l'entrée des hôpitaux à ceux qui n'avoient pas le droit de cité, & on a fait refluer dans les campagnes, les hommes que les aumônes & les fondations pieuſes pouvoient attirer dans les chef-lieux : les Villages n'auroient pas tardé à être infeſtés de mendians de toute eſpèce, ſi l'on n'avoit pas pris le moyen ſimple dont je vais parler.

Le jour de ſaint Jean on aſſemble chaque année tous les pauvres qui ſe trouvent à la charge de la paroiſſe; hommes, femmes, enfans, vieillards, orphelins: on les appelle; on les fait monter l'un après l'autre ſur une pierre deſtinée à cet uſage, & qui ſe trouve placée dans le cimetière: on fait alors une eſpèce de vente au rabais, c'eſt-à-dire, que celui qui demande le moins pour la penſion du pauvre expoſé à l'encan, ſe charge de le loger & de le nourrir pour le prix convenu. On prend ordinairement un enfant à 75 livres, un vieillard à 120 livres par année : les jeunes gens bien constitués & de 17 à 18 ans, sont quelquefois pris pour très-peu de chose, parce que l'on évalue le travail qu'ils peuvent faire : une observation bien digne de remarque, c'est qu'en général, ce sont les gens d'un état médiocre, les journaliers, qui se chargent des pauvres. Seroit-ce parce que l'on est plus sensible à la misère des autres, quand on est aussi plus voisin de cet état? Quoiqu'il en soit, la communauté ne se contente pas de payer la pension du pauvre qui est à sa charge, elle lui fournit encore un louis d'or à peu près chaque année, pour le linge & les habits : on le visite, on le console, on veille à sa conduite, & s'il est jeune, on le met à portée de gagner sa vie. Il me semble entendre les partisans de la liberté, m'accuser de préconiser un régime cruel, au milieu d'une assemblée auguste, & d'outrager l'homme en parlant de son bonheur. Qu'une fausse délicatesse n'alarme cependant pas mes Juges; l'aliénation, à terme de l'inutile liberté des pauvre, est bien moins dure que la prison perpétuelle à laquelle on le condamne dans les maisons de charité : dans nos mœurs actuelles, si fort vantées comme douces & sociales, que fait-on de l'être, sans propriété, indigent & malheureux? Nous le vouons à la mort dans nos mines, dans nos colonies; nous le vendons au rabais aux Régisseurs de dépôts, aux Administrateurs d'hôpitaux; nous le sacrifions sans pitié à la loi qui semble n'être inflexible que pour lui. Quelqu'avilissante que paroisse donc l'espèce de vente de l'indigent, en usage dans la Flandre, elle est cependant encore moins dure pour lui que l'abandon total où le laisse le riche après l'avoir placé dans un hôpital : il respire du moins un air pur ; il conserve la santé, la force ; il vit avec ses semblables ; il est heureux puisqu'il sent la nécessité du travail ; mais un des plus grands avantages du régime dont il est question, c'est que celui qui a reçu des charités de la paroisse s'y fixe ordinairement, & qu'il s'accoutume à solliciter à son tour la même terre qui l'a nourri.

Pour trouver les fonds nécessaires à la subsistance des pauvres en Flandres, indépendamment des quêtes, tous les propriétaires se cotisent : on paie environ trente sols par arpent de terre ; personne n'est exempt : on devine bien que cette taxe varie suivant les circonstances & les besoins de la communauté ; mais comme il n'y a dans cette imposition libre, ni commis, ni préposé de la part du Gouvernement, & que l'assise de cette taille se fait par les paysans qui tous ont voix délibérative, tout le monde est fort tranquille sur l'imposition & l'emploi de la recette : le Garde du village fait les fonctions de grand prévôt, d'archer, de collecteur ; le receveur est choisi par la communauté, & sans hôpital, sans bureau, les pauvres sont soignés : on chasse les vagabonds ; on fait enfermer les fous dans les maisons de force des Villes. J'ai cru devoir entrer dans quelques détails sur une régie aussi simple, parce que j'avois à craindre que l'on n'établit, comme principe, qu'il étoit impoſſible d'arrêter la Mendicité dans les Villages, & ôter par là au plan que je vais propoſer, l'eſpèce d'univerſalité dont il eſt ſuſceptible. En général, le défaut des gens en place eſt de trop compliquer les machines avec leſquelles ils prétendent mouvoir les hommes ; ils reſſemblent à ces phyſiciens ignorans, qui multiplioient les cercles & les tourbillons, ne pouvant concevoir la ſimplicité majeſtueuſe des loix qui régiſſent l'univers. Gens à ſyſtêmes, politiques profonds, n'ayez donc pas toujours mauvaiſe opinion de l'eſpèce humaine ; laiſſez faire les hommes, & croyez qu'ils feront preſque toujours bien. Le grand art de rendre le peuple heureux, eſt de paroître occupé de ſes beſoins, de lui épargner les humiliations, & ſur-tout de ne lui point ravir ſon état & la liberté : aiguiſons l'induſtrie des hommes, mais ne prétendons pas toujours la diriger ; laiſſons les individus choiſir librement une profeſſion ; prêchons l'amour du travail, les arts & les manufactures ne tarderont pas d'arriver ſur les ailes du temps qui amène tout. Citoyens paiſibles des grandes Villes, votre but doit être de ſoulager les pauvres ſans leur ôter l'énergie qui les ſoutient, alors vous verrez que perſonne ne ſera dans une indigence abſolue! C'eſt donc à prévenir la Mendicité que nous devons apporter tous nos ſoins ; tel eſt le but que je me propoſe, parce que je penſe que le bien de l'État n'eſt que la ſomme des biens particuliers, & que ſans travail il n'eſt pas de bonheur pour le peuple.

Je ſuppoſe que le plan dont il

va être question, soit mis en vigueur dans une grande Ville de quatre-vingt mille ames environ ; cette Ville contiendra des fabriques en laines, en fils, ce qui donne beaucoup de pauvres. Afin qu'on ne m'accuse pas de diminuer le nombre des indigens, en suivant une règle de proportion que je me suis faite & que je crois assez juste, on peut évaluer à seize mille les pauvres qui auront besoin de secours au moins pendant trois mois de l'année ; c'est le cinquième des habitans : je les classe dans l'ordre qui suit ; six mille hommes, quatre mille femmes & six mille enfans : outre ces pauvres ménages, il faut compter encore environ quinze cens vieillards, femmes veuves, orphelins, qui pendant toute l'année seront à la charge de la communauté : voilà dix-ſept mille cinq cens pauvres qu'il faut empêcher de mendier & aux beſoins deſquels il faut pourvoir : il n'eſt pas vraiſemblable qu'une Ville auſſi peuplée n'ait aucun hoſpice , aucun hôpital, mais je laiſſe ces établiſſemens pour les maiſons de force, les lieux deſtinés à recevoir les malades de tout ſexe, les incurables, les fous, & je ne puis pas mettre, je penſe, une maſſe de quatre-vingt mille citoyens dans une poſition plus preſſante, & à moins que d'exagérer on ne peut pas multiplier davantage le nombre des pauvres. Examinons actuellement les moyens que je crois propres à les ſoulager : tout ce qui me reſte à dire ſe réduit à quatre objets. 1.° Réglemens à faire ſur la Mendicité. 2.° Choix des prépoſés à la diſtribution des aumônes. 3.° Etat des ſommes qui doivent être délivrées à chaque indigent. 4.° Manière de percevoir les ſommes deſtinées à nourrir les pauvres.

On défendra ſous les peines les plus graves de mendier dans la ville: je ne ſerois pas d'avis d'impoſer une amende pour celui qui fait l'aumône; outre qu'il eſt facile d'éluder cette Loi, en alléguant que c'eſt le prix d'un ſervice rendu, j'ai obſervé que les gens les plus pieux ne ſe faiſoient pas ſcrupule de l'enfreindre, & que les riches ſe ſouſtrayoient facilement à l'amende: rien n'eſt plus dangereux, comme on l'a déjà dit, que de publier des loix inutiles. Quoique dans mon projet la Mendicité ne puiſſe avoir lieu, on chargera cependant tous les préposés à la police, d'arrêter, en quelque lieu que ſe ſoit, celui qui ſeroit trouvé demandant la charité: ce mendiant ſera conduit ſur le champ à la maiſon de force; il ſubira un interrogatoire & ſera tenu de déclarer ſon âge, le lieu de ſa naiſſance, ſa demeure & ſa profeſſion: s'il eſt étranger, il ſera conduit hors de la ville: ce point de réglement doit être obſervé dans toute ſa rigueur: il eſt de néceſſité abſolue que chaque communauté ſe charge de ſes pauvres, ſans cela tout projet croule & le ſalut du peuple en dépend. Si le mendiant arrêté eſt de la ville, il ſera retenu quinze jours au pain & à l'eau; en cas qu'il ſache un métier, le Directeur de la maiſon de force lui cherchera de l'ouvrage, & dans cet intervalle il l'employera ſuivant ſes talens, non pas au profit de la Régie, on abandonnera au coupable tout le bénéfice que ſon induſtrie pourra lui procurer ; il faut ne pas déſeſpérer les hommes & donner des attraits au travail. Cette eſpèce de priſon ne doit jamais être déſagréable & déshonorante pour l'homme de bonne volonté ; on pourroit même le laiſſer ſortir ſeul pour exercer ſa profeſſion s'il en a une, en le faiſant toutefois ſurveiller : mais ce pauvre fuira, dita-t'on ; à cela il n'y a pas grand mal ; c'eſt un fainéant dont on eſt délivré. Lorſque le coupable ne ſaura aucun métier, il ſera retenu juſqu'à ce qu'il ſe ſoit librement attaché à une profeſſion ; on lui en laiſſera abſolument le choix : pendant trois ou quatre mois que peut durer cet apprentiſſage, on ne lui fournira que le logement & le pain, c'eſt à lui à faire des efforts pour ſe procurer quelques douceurs par sa complaisance & son assiduité: il est des métiers si faciles, qu'il est rare qu'un homme avec des bras & de la bonne volonté, ne trouve pas à s'occuper bien vîte. Ne faisons jamais sentir au pauvre que la nécessité du travail, & ne nous occupons pas du reste : n'unissons jamais le bonheur avec la triste sécurité que l'indigent peut goûter dans les hôpitaux ; on ne sauroit trop sévir contre la paresse & la fainéantise. Tout le monde sait qu'à Sparte on citoit devant les tribunaux les gens oisifs, pour leur demander compte des moyens qu'ils avoient pour subsister. Ce tribunal devroit bien être rétabli ; car avant de donner des secours à un homme, il faut savoir s'il en est digne. *Platon*, dans ses loix, excusa si peu la paresse, qu'il exigeoit qu'on n'allât pas prendre d'eau dans le puits de son voisin, sans avoir auparavant creusé dans son propre fond jusqu'à l'argile.

Les inspecteurs des pauvres, dont je parlerai bientôt, s'informeront, autant qu'il est possible, chacun dans leur quartier, du genre de travail des gens soumis à leur inspection : l'œil actif & vigilant de la police de Paris, fait découvrir dans les réduits les plus obscurs, la multitude toujours nouvelle des étrangers, ou de ceux qui ont quelque intérêt à se cacher : combien est-il plus facile de connoître le genre d'occupation d'une petite quantité d'hommes sédentaires & qui nous environnent ; c'est un des grands moyens proposés que la surveillance sur les pauvres : la paresse aura beau se tapir dans un coin, elle sera toujours découverte. Les remontrances douces & charitables, seront, sans doute, les premières armes de l'homme bon, mais il devra fermer les yeux si ses avis sont négligés. L'oisiveté est la gangrène de l'ame; il faut y porter hardiment le fer & le feu. Il est inutile, je pense, de dire que les personnes préposées à la distribution des aumônes, doivent être actives & à l'abri de tous soupçons de rapine & d'infidélité. Je desire encore que l'on s'écarte un peu du plan que l'on a suivi jusqu'à ce jour dans la nomination des Administrateurs de charité: il est des motifs puissans qui doivent nous déterminer à les prendre dans toutes les classes des citoyens, parce que l'on doit être persuadé qu'il faut employer, tout à la fois, pour le bien des pauvres, la générosité des riches, la

bonté

bonté de l'état mitoyen & la commiſération du peuple. Pour peu que l'on veuille jeter un coup d'œil ſur les différens ordres de la ſociété, on s'appercevra facilement que les diſtractions habituelles des riches ou des gens en place, ne leur permettent guère d'avoir cette ſenſibilité active & minutieuſe, ſi néceſſaire pour le bonheur des pauvres, & qui donne un nouveau prix à la plus légère aumône. Les curés des paroiſſes ne ſeront en aucune manière chargés de la diſtribution des aumônes; trop occupés de leur auguſte miniſtère, ils ne peuvent entrer dans les détails néceſſaires pour ſoulager utilement les pauvres ménages: leur fonction eſt de ſolliciter les riches en faveur des malheureux. Notre divin Maître a fait un précepte de l'aumône, mais il ne la donna jamais. Comme dans mes principes il faut habituellement ſurveiller les pauvres ménages, & ne donner qu'en raiſon du travail dont ils manquent, on ſent qu'il faut apporter dans cette recherche une ſorte de popularité, & l'habitude de calculer exactement le travail que peut faire un ouvrier. Je demande ſi un eccléſiaſtique, livré à toutes ſortes de ſoins différens, peut viſiter cinq à ſix cens ménages, qui ſe trouvent ſur ſa paroiſſe, & apprécier le degré de ſecours qu'ils réclament. Il arrive ſouvent qu'un curé interrompu, fatigué, laiſſe le ſoin de l'aumône à ſes domeſtiques, qui n'accordent des ſecours qu'en ſuivant leurs caprices, & finiſſent toujours par s'ériger en protecteurs inſolens. C'eſt bien aſſez, ſans doute, pour le curé le plus actif, de veiller au maintien des bonnes mœurs dans sa paroisse, de consoler les malades, sans être obligé de voir si le peuple travaille suivant ses forces. En ôtant la distribution de toute espèce d'aumônes aux curés, je leur conserve tous les droits attachés à la grandeur, à la sainteté de leur ministère : ils interviendront, s'ils le veulent, dans toutes les assemblées où l'on aura des réglemens à faire, des comptes à rendre ; pères des pauvres par état, les autres ne sont en quelque sorte que des économes soumis à leur inspection. Un des grands inconvéniens de l'aumône distribuée par les ecclésiastiques, c'est qu'en général, plus pénétrés des principes de la Religion, qu'éclairés sur les principes politiques, ils sont aussi plus tentés d'aider ceux qui sont paroître un grand attachement au culte extérieur ; il arrive de là, qu'avec les meilleures intentions du monde, ils multiplient les hypocrites & les fainéans. Un abus choisi entre mille de cette nature, & qui doit faire trembler les ames pieuses, c'est qu'il y a des villes où l'on a cru bien faire d'assigner une aumône plus forte à l'homme qui avoit reçu le Viatique : interrogez les médecins, & vous apprendrez quelle adresse le fainéant emploie pour feindre une maladie grave & solliciter les Sacremens. Les curés, les vicaires, les confesseurs, permettront donc, pour l'intérêt commun, de verser dans la caisse générale de la charité, toutes les quêtes, toutes les aumônes qui seront faites pour les pauvres : je parlerai plus bas du receveur des charités & de cette caisse.

Dans une grande ville, l'aumône doit ſe faire d'après les mêmes principes, car, ſi dans une paroiſſe on accorde des ſecours en raiſon du nombre d'enfans, ſans s'embarraſſer de ce qu'ils deviennent, & que dans l'autre on ſecoure préférablement ceux qui viſitent les Egliſes, & ſe trouvent par cette raiſon plus à portée de l'œil de leur paſteur, la fainéantiſe & l'hypocriſie germeront de tous côtés. Pour qu'on ne m'accuſe pas toutefois d'ôter aux curés la conſidération qu'ils méritent, & d'altérer aux yeux du peuple les vertus qui les rendent reſpectables aux yeux de tous; indépendamment de leur intervention toutes les fois qu'il ſera queſtion de délibérer ſur l'aumône, eux ſeuls auront le droit de demander au caiſſier général, les ſommes fixes dont ils auront besoin, pour aider le petit nombre d'hommes qu'on appelle *pauvres honteux* : dans le cas où il n'y auroit pas de fonds uniquement destinés à cet usage, sur leur simple billet on payera la somme demandée, en observant bien toutefois que cette somme ne pourra jamais être plus forte que celle accordée à un pauvre ordinaire : il est bien naturel qu'un pasteur, auquel une honnête famille aura confié ses besoins en rougissant, puisse l'aider dans le secret ; mais il est plus juste encore qu'un homme n'absorbe pas seul la subsistance de deux. Les aumônes faites à celui dont l'état exige des considérations particulières, sont des largesses que la politique approuve : il n'entre pas dans mon plan d'en parler.

Il n'y aura qu'une caisse générale où l'on verſera le produit des quêtes, des legs pieux, des aumônes particulières, & tout ce qui viendra de la taxe que l'on impoſera ſi les aumônes volontaires ſont inſuffiſantes. Il eſt néceſſaire que cette recette ſe faſſe gratuitement : j'aime à croire qu'il n'eſt pas de Villes dans le monde où l'on ne trouve quelques perſonnes riches & ſenſibles, qui s'offrent de ſervir l'humanité, ſans aucun eſpoir de gain : quelle eſt la Ville, d'ailleurs, qui ne puiſſe accorder quelques honneurs, quelques priviléges à l'honnête citoyen qui ſert la patrie. Ce genre de dédommagement a toujours flatté dans tous les pays : *Epiménide* ne reçut jamais pour préſent qu'un rameau de l'olive ſacrée du château d'Athènes, pour avoir nettoyé & purifié la Ville.

Le Receveur des pauvres aura un regiſtre ſigné & paraphé par les Magiſtrats des lieux ; celui qui ſera une aumône volontaire inſcrira la ſomme & ſon nom : ſi cette perſonne charitable veut être inconnue, elle peut faire remettre l'aumône par ſon confeſſeur, ou par telle autre perſonne qu'elle jugera diſcrète ; dans ce cas, il ſera délivré à celui qui aura ſigné, une reconnoiſſance ſous le nom de quelque Saint, ou avec une deviſe que le porteur indiquera. Sans entrer dans de plus grands détails, on ſent la néceſſité de ce Regiſtre : le montant des aumônes eſt conſtaté d'une manière ſimple, & tous les quinze jours dans l'aſſemblée, on verra d'un coup d'œil le produit des charités ; ce thermomètre qui marqueragraduellement la tiédeur ou le zèle pour les pauvres, ſera très-utile aux curés, pour diriger d'une manière ſûre leurs ſollicitations auprès des riches, car dans une Ville où l'adminiſtration des pauvres n'eſt pas une, on ne peut ſavoir ni dans quel temps, ni comment il faut faire l'aumône.

La Ville peuplée de quatre-vingt mille ames, comme je l'ai ſuppoſé plus haut, ſera diviſée en cent vingt-huit quartiers, & même en un plus grand nombre s'il eſt néceſſaire; parce que dans un pays de fabrique on trouve des rues preſqu'entièrement habitées par des ouvriers, & qu'il ne faut pas donner le ſoin d'un trop grand nombre de ménages à ceux qui ſont chargés de les viſiter.

Il y aura dans chaque quartier un homme probe, honnête bourgeois, qui ſera inſpecteur des pauvres ; on lui donnera un ou deux adjoints qui auront la qualité de visiteurs : ils seront pris dans la classe des ouvriers, mais toujours de mœurs irréprochables & de conduite sûre : les curés influeront beaucoup sur la nomination de ces trois personnes, qui formeront entr'elles ce qu'on appellera le comité des pauvres. Outre les inspecteurs particuliers, il y aura des inspecteurs généraux qui auront sous leur régie cinq où six quartiers : ils seront choisis dans la classe aisée des citoyens, & rendront compte de leur district à l'assemblée. Tous les maîtres des corps d'arts & métiers de la Ville, au nombre de deux au moins, se trouveront à l'assemblée générale qui se tiendra tous les ans : ils auront le droit d'assister à la reddition des comptes, &

de ſe préſenter aux aſſemblées de quinzaines, de s'y aſſeoir en cas qu'ils aient quelque choſe à propoſer pour le bien général ou l'utilité des pauvres de leur corps : c'eſt de ce côté là que viendront ſouvent les obſervations les plus précieuſes. Qui connoît bien le peuple ſi ce n'eſt celui qui le fréquente par état? Si le nombre des ouvriers d'un corps de métier étoit trop conſidérable pour que les deux maîtres puiſſent remplir les fonctions dont on va parler, on leur donnera pour adjoints trois ou quatre autres maîtres, ſuivant le beſoin de la fabrique la plus en vogue dans la Ville : comme il eſt des journaliers qui ne peuvent pas être claſſés, & qui ne tiennent à aucun corps d'arts ou de métiers, on nommera pour ce genre d'hommes des maîtres qui obſerveront les mêmes règles que pour ceux qui ont des professions décidées. On imprimera chaque année la liste des inspecteurs, des visiteurs des pauvres, des maîtres des corps d'arts & métiers : ces placards seront affichés à la porte des Eglises & dans toutes les places publiques. Actuellement voici la marche que l'on suivra dans la distribution des aumônes. Pour abréger autant qu'il est possible, je vais choisir un exemple. Joseph *Pilon*, chef d'un pauvre ménage, ayant besoin de secours, se transportera d'abord chez le maître du corps auquel il est attaché : on lui donnera un billet dont la formule sera à peu-près celle-ci.

JE soussigné, Maître, certifie que J. Pilon, *garçon Tailleur, demeurant rue St. Jacques, travaille (ou a travaillé) chez* Bernard, *Tailleur, rue St. Géry, & qu'il réclame les secours de la Charité.*

A le 17 CHARLES, Maître du corps des Tailleurs.

Ce billet ſera porté par *Pilon* chez *Bernard*, qui mettra au bas, *il eſt ainſi.*

Cette première formalité remplie, le billet ſera remis entre les mains de l'inſpecteur du quartier, qui viſitera lui-même, ou fera viſiter par un de ſes adjoints, *Pilon* & ſa famille : ſur le revers du billet dont on vient de parler, on trouvera trois colonnes que le viſiteur remplira de la manière ſuivante.

J'ai viſité Pilon *qui a beſoin de ſecours : A*

NOM ET DEMEURE.	FEMME.	ENFANS.
Joſeph Pilon, *rue ſaint Jacques.*	*A G E.*	*2 Garçons.*
A G E.	*30 ans.*	*Un en bas âge.*
38 ans.	*PROFESSION.*	*PROFESSION.*
PROFESSION.	*Tricoteuſe.*	
Garçon Tailleur.		

B. P. la première quinzaine, ſuivant la taxe.
DELACROIX, Inſpecteur des pauvres.

L'Inſpecteur payera ſur le champ la ſomme qui ſera fixée plus bas ; il fera paſſer enſuite au bout de chaque ſemaine ces billets à l'inſpecteur général, qui lui en remettra le montant ſans délai : l'inſpecteur général ſera rembourſé au bout de la quinzaine par le receveur, le jour ou le lendemain de l'aſſemblée. Je reviens ſur mes pas afin de donner les raiſons qui m'obligent de ſuivre la marche que j'indique.

Quand on ne veut pas favoriſer la mendicité, il eſt très-important de ſavoir ſi un homme tient à une profeſſion ; c'eſt pour cela que j'exige avant tout cette preuve ſignée par deux maîtres : cette enquête peut ſervir à éclaircir la conduite de l'indigent ; ſi c'eſt un mauvais ouvrier, un ivrogne, on pourra le dire à l'inſpecteur général, qui en rendra compte à l'aſſemblée: les maîtres de chaque corps, les viſiteurs, pendant la première quinzaine, pourront faire quelqu'information, que le comité particulier fera paſſer à l'aſſemblée, ſoit en remettant une note à l'inſpecteur général, ſoit en y allant en perſonne. Comme je penſe qu'il faut d'abord aller au ſoulagement du pauvre qui ne peut attendre, j'ai préféré d'être à demi trompé pendant quinze jours, plutôt que de le faire attendre après un réſultat d'informations qui entraînent toujours quelques longueurs: s'il arrive qu'un indigent ne tienne à aucun art ou métier, il s'adreſſera aux perſonnes qu'on a déja dit devoir remplacer les maîtres des corps; il détaillera les moyens qu'il emploie ordinairement pour ſubſiſter. L'inſpecteur ſera alors encore plus exact à obſerver la conduite d'un homme qui pourroit prétendre vivre ſans rien faire : on lui diſtribuera une charité proportionnée à ſa ſituation ; on l'engagera fortement à choiſir un métier, mais ſi après quelques quinzaines on s'apperçoit d'un manque de bonne volonté, il ne faut plus balancer : ſi ce fainéant eſt de la ville, il faut le mettre à la maiſon de force juſqu'à ce qu'il ait pris un genre de travail ; s'il eſt étranger, on doit impitoyablement le chaſſer de la ville : c'eſt avec cette loi ſeule que l'on peut eſpérer de déraciner l'oiſiveté. Les pauvres ne tarderont pas à s'appercevoir qu'ils ſont ſurveillés, & qu'on ne peut avoir long-temps le pain de la ville ſans travail.

Un des avantages qui réſulte de l'intervention des maîtres de chaque corps de métier, des inſpecteurs

pecteurs particuliers & de leurs adjoints, c'est qu'ils peuvent savoir plus facilement que d'autres quand une fabrique souffre, connoître mieux les vrais besoins du peuple, & donner de meilleures idées pour attacher à quelque profession, les enfans, ou ceux qui ne tiennent à aucune.

L'assemblée particulière se tiendra chez le receveur, ou dans quelqu'autre endroit plus commode; elle ne sera composée que des inspecteurs généraux. Les maîtres des corps, les inspecteurs de quartiers n'iront, comme on l'a déja dit, que dans le cas où ils auroient quelque chose à proposer, ou qu'ils auroient été mandés pour donner leur avis sur quelque point de réglement. Dans ce cas ils seront honorablement reçus, & toujours traités comme des hommes qui viennent parler pour l'humanité à des hommes. MM. les curés seront invités de se trouver aux assemblées ; le plus ancien présidera. Le receveur commencera par présenter la feuille des aumônes faites pendant la quinzaine : ce chapitre de recette arrêté, les curés feront leurs demandes pour les pauvres honteux, car je ne puis trop le répéter, le produit de toutes les quêtes, les dons libres, de quelque nature qu'ils soient, doivent être versés chez le receveur général : on sent bien que je restreins à un très-petit nombre de cas cette indigence, qui ne peut paroître sans être enveloppée du voile de la Religion : ce seroit un grand mal si l'on alloit détourner par des canaux souterrains les eaux qui doivent désaltérer les vrais pauvres.

Chaque inſpecteur général rendra compte des aumônes qui auront été diſtribuées par les inſpecteurs particuliers : il fera part à l'aſſemblée des notes qui lui auront été remiſes, & c'eſt d'après cela que l'on continuera les quinzaines aux pauvres ménages. Il eſt des cas extraordinaires, des temps de diſette, une cherté ſubite dans les vivres, où l'on pourroit être forcé de convoquer une aſſemblée générale ; les inſpecteurs généraux & les curés auront le droit de l'indiquer. Ayant pourvu aux réglemens qui peuvent le mieux conſtater l'état du pauvre, arrêté la fraude & mis des entraves à l'oiſiveté, voyons comment on doit ſoulager les indigens, & quels ſecours il convient de leur donner, mais ſouvenons-nous toujours que l'aumône ne peut & ne doit être que le ſalaire du travail & l'aiguillon du courage.

Nous établiſſons, comme un principe inconteſtable, qu'il n'eſt preſque jamais de pauvre valide, quelque ſoit la dureté du temps, qui ne puiſſe gagner quelque choſe : il y a tant de reſſources pour qui a des bras, même pendant l'hiver, que la ſomme que l'on donne à titre d'aumône ne doit être conſidérée que comme un ſupplément de travail, ou comme un poids qui rétablit l'équilibre entre la main-d'œuvre & la cherté des vivres : ſi l'on s'écarte une fois de ce principe, les pauvres ne ſeront plus traités également; celui qui aura l'art d'outrer ſa misère, obtiendra le plus. L'aumône dans tous les temps, ſans aucune variation, ſera toujours de quatre ſols par jour pour un homme, de trois ſols pour une femme, & de deux ſols pour un enfant. Quelques diſtributions de hardes & de chauffage qu'il eſt ſouvent utile de faire pendant les grands froids, ſeront les ſeules douceurs que l'on pourroit ajouter à l'aumône. Il eſt néceſſaire de rendre toute recommandation, toute ſollicitation vaine, & bien perſuader aux pauvres qu'ils ſont charitablement & également traités : rien n'appaiſera mieux les murmures que cette ſorte de loi qui écarte toute idée d'acception de perſonnes, & qui d'un peuple de pauvres en fait un peuple de frères. Toute variation dans l'aumône eſt préjudiciable à l'indigent ; il ſollicite au lieu de travailler : un jour il reçoit beaucoup, il ſe gorge ; le lendemain il ſouffre, & cette alternative de misère & de bien nuit à ſa ſanté & à ſes occupations : dans mon projet le pauvre ſait ſur quoi compter ; il ſait que jamais on ne diminuera , jamais on n'augmentera le taux de l'aumône fixée par une ordonnance particulière : on ſent bien qu'excepté les cas de famine & de diſette affreuſe , qu'il eſt impoſſible de prévoir , & contre leſquels tout projet doit échouer , il eſt facile de prouver que la ſomme que j'accorde aux pauvres ménages ſuffit pour les ſoutenir : je prends pour exemple l'aumône faite au ménage de *Pilon* , dont j'ai déja parlé : c'eſt un garçon Tailleur ſans ouvrage , ayant une femme & deux enfans en bas-âge ; or , ces quatre perſonnes peuvent vivre à la rigueur avec onze ſols que je leur accorde par jour. Je fixe le prix des denrées au cours qu'elles ont aujourd'hui dans le pays que j'habite.

	l.	ſ.	d.
Pilon, *une livre & demie de pain*, . .	0	3	0
La femme de Pilon, *une livre*, . .	0	2	0
Une demi-livre de ris, ...	0	2	6
Une demi-livre de pain pour les enfans,	0	1	0
	0	8	6

Il reſte deux ſols ſix deniers pour le beurre ou la graiſſe & le charbon : je ſais bien que cette manière de vivre n'eſt pas attrayante, auſſi n'ais-je pas envie que les pauvres reçoivent un grand avantage de l'aumône ; je veux ſeconder, mais non pas endormir leur activité. Je le répète encore, je dis qu'il eſt impoſſible que *Pilon* & ſa femme ne puiſſent rien gagner pendant tout le temps qu'ils ſeront aidés ; je ne parle pas des reſſources immenſes qu'offrent à l'homme courageux les grandes villes, les ports de mer, les travaux publics: il n'eſt pas un bourg où l'induſtrie ne trouve à s'exercer : ſi *Pilon* peut ſeulement gagner cinq ſols par jour, ſoit dans ſon métier, ſoit en offrant ſes bras à bon compte ſur la place publique, il trouvera une ſorte d'aiſance dans ſa pénible ſituation : mais allons plus loin encore ; toute reſſource manque à *Pilon* pour l'inſtant ; ſa femme ne ſait-elle ni coudre, ni filer, ni tricoter ? Je réduis à trois ſols le gain qu'elle peut faire dans une journée; elle aidera donc ſon mari pendant le temps de détreſſe avec cette ſomme modique en apparence ; *Pilon* ne ſera ni mendiant, ni malheureux ; il conſervera l'eſpoir & la liberté en attendant un temps meilleur. Celui qui a vu des chambrées de ſoldats dans les garniſons, ſait ce que peuvent l'ordre & l'économie qui portent ſur une dépenſe fixe. Une réflexion qui doit trouver ici ſa place, c'eſt qu'en général on ſoigne trop peu en Europe l'éducation du peuple : on a par-tout élevé à grands frais des monumens ſuperbes où l'on enſeigne le grec & le latin; nous avons des ſpectacles pompeux où l'on apprend l'art de faire parler les paſſions les plus chères au cœur de l'homme, & quelquefois d'immoler la bonhommie & même la vertu, en les couvrant du maſque du ridicule : tous ces avantages, toutes ces diſtractions ſi vantées amuſent l'oiſiveté des riches, & le pauvre reſte avili dans la fange, d'où rien ne peut le tirer. Tous les arts qui tiennent immédiatement au luxe ſont encouragés; on laiſſe dans l'oubli les arts méchaniques qui ſont ſi néceſſaires, & la ſeule reſſource du peuple :

le pauvre ne ſait où apprendre un métier, ou n'apprenant que le plus commun, la plupart du temps il ne ſait que devenir quand l'ouvrage vient à lui manquer : il me ſemble que dans les grandes villes au moins on devroit ériger un bâtiment vaſte, fourni d'excellens ouvriers en tout genre, entretenus par les citoyens. On y donneroit gratuitement des leçons pratiques ſur les arts les plus communs & dont les procédés ſont ſimples. Le peuple enverroit ſes enfans à cette école, & outre le métier très-ordinaire d'un père pauvre, qu'un enfant apprend toujours vite, il auroit encore la reſſource d'en ſavoir un autre, qui pourroit lui ſervir dans les beſoins urgens : tous les métiers où l'on opère ſur le fer, ſur le bois, ſur la pierre, ſe tiennent de très-près ; avec un peu d'adreſſe &

d'expérience, le manœuvre de maçon peut ſavoir tirer un bloc de la carrière ; le ſerrurier dans la diſette peut offrir ſes bras au forgeron : cette digreſſion, à laquelle je ne puis pas donner plus d'étendue, n'eſt pas cependant tout-à-fait étrangère à mon ſujet ; elle ſert à prouver que ce ſeroit bien mériter des hommes que de ſurveiller les arts méchaniques les plus communs & de procurer des reſſources à l'indigence ; mais comme des vœux ſont loin des vérités de fait, on a cru devoir ſuppoſer que le pauvre ménage qui nous a ſervi d'exemple, ne pouvoit ajouter que quelques ſols à l'aide que lui donne la ville ; mais on eſt obligé de convenir qu'il peut ſubſiſter, & c'eſt tout ce qu'il falloit prouver, parce qu'il n'y a point de projets, point de plan qui puiſſe faire vivre tous les pauvres d'une ville, ou le cinquième des habitans dans une inaction absolue.

Il ne reste plus pour remplir l'objet que nous nous sommes proposé dans ce Discours, que d'indiquer sommairement les moyens qui peuvent procurer les sommes nécessaires pour la subsistance d'une quantité si prodigieuse de pauvres : nous nous sommes mis volontairement dans l'impossibilité de profiter des fondations pieuses, des revenus des hôpitaux : soumettant notre projet aux difficultés de la disette, nous ne nous sommes réservé que les quêtes, les legs pieux en argent, les contributions volontaires, sur-tout dans ces momens terribles où le ciel paroît d'airain & la terre glacée ; car supposer alors une masse de quatre-vingt mille citoyens avec des cœurs de plomb, une ville florissante dont la bienfaisance & la sensibilité seroient exilées, c'est supposer une chose absurde ; nous devons donc compter sur les secours de ceux qui vivent au milieu de nous, & jouissent de tous les avantages de la société.

On a déja dit que quatre-vingt mille ames, supposent dix-sept mille cinq cens pauvres : l'analogie m'a conduit à répartir l'aumône de la manière suivante.

Il faut aider pendant trois mois de l'année six mille hommes, à raison de quatre sols par jour, ci . .	108000. liv.
Quatre mille femmes pendant trois mois, à raison de trois sols par jour, ci	54000.
Six mille enfans à deux sols par jour, pendant trois mois, ci	54000.
Quinze cens veuves, orphelins, à trois sols par jour, pendant toute l'année, ci. . . .	82125.
TOTAL	298125.

S'il n'étoit question que de recevoir le patrimoine des Pauvres & de réunir toutes les fondations pieuſes uniquement deſtinées à ſoulager les indigens d'une grande ville, ici ſe termineroit le projet que mon cœur a formé. J'habite une ville qui contient à peu près quatre-vingt mille ames, il s'en faut beaucoup que l'on y ſoulage dix-ſept mille cinq cens pauvres valides; cependant en joignant aux revenus de l'hôpital général toutes les autres fondations deſtinées aux pauvres ménages, je trouve que cette ville jouit de plus de quatre cent mille livres de rentes appliquables à l'aumône; mais plus de trois cens perſonnes, avec des émolumens, embarraſſent cette régie diſpendieuſe, magnifique & tout-à-fait contraire au bien des pauvres. Dans notre plan, il n'y a rien qui reſſemble à ces ſuperbes administrations : sans revenus fixes, il faudroit entiérement compter sur la bonne volonté de nos concitoyens ; mais quelque puisse être leur commisération, il ne faut pas croire qu'avec des quêtes on trouvera chaque année 298125 livres ; il ne seroit pas même prudent de n'imaginer aucune autre ressource. On a déja dû prévoir, quand j'ai parlé de l'administration simple des villages de la Flandre, que je me suis interdit de toucher au patrimoine des pauvres, & qu'il falloit bien établir une taxe pour aider les indigens. Je sens tout ce que cette idée a d'effrayant au premier coup d'œil, mais rassurons-nous ; obtenons la permission de nous imposer, n'ayons ni bâtimens à entretenir, ni régisseurs à soudoyer ; éloignons tous commis, tous receveurs à gages ; ne payons jamais que proportionellement aux besoins des pauvres, & sous un gouvernement doux & modéré comme le nôtre, nous devons espérer de jouir des mêmes avantages que les paysans dont j'ai parlé : depuis long-temps ils s'imposent, & jamais aucun traitant n'a proposé d'attirer à lui la régie, les pauvres & l'impôt. Enfin, je le repète encore, je n'invente rien, c'est l'administration simple d'hommes rustiques que je désirerois voir en vigueur dans les Villes. Si je pouvois paroître tout-à-coup au milieu de mes Juges, entouré des paysans de la Flandre ; pères du peuple, leur dirois-je, voilà mes maîtres, écoutez leurs raisons & pesez leurs moyens. La taxe sur les terres, sans distinction de nobles & d'ecclésiastiques, est la manière la plus simple, comme la plus juste, pour se procurer

procurer les ſommes néceſſaires aux pauvres, parce qu'il n'y a rien d'arbitraire dans cette eſpèce d'impôt. Le citoyen aiſé qui habite les villes, n'a pas quelquefois de propriétés apparentes; il peut ne laiſſer aucune priſe ſur lui pour le taxer, & faire autour de ſon cœur contre le pauvre un rempart avec ſon or. Dans quelques villes fermées de la Flandre, on a mis un impôt aſſez fort ſur le vin qui ſe conſomme; cette taxe ou d'autres moyens auſſi ſimples, peuvent avoir lieu dans les différentes villes du Royaume, ayant égard aux lieux, aux circonſtances, ſur-tout en ne perdant jamais de vue que dans toute impoſition pour les pauvres, le pauvre ne doit rien payer: mais ce n'eſt pas un projet de finance que je dois donner ici; je me hâte de venir au moyen le plus facile & le plus convenable pour établir, dans les différentes villes du Royaume, une taxe juſte pour les pauvres.

Quatre-vingt mille ames ſuppoſent environ huit mille maiſons dont le loyer eſt au deſſus de cent vingt livres par an; je réduis toutes ces maiſons en quatre claſſes: mille dont le loyer eſt au deſſus de huit cens livres; je n'en excepte, ni les hôtels, ni les édifices publics, ni les communautés religieuſes, ni les académies, ni les colléges, tout ſera ſoumis à l'impôt: qui oſeroit oppoſer des priviléges contre la taxe ſacrée que nous devons tous payer au nom de Dieu: c'eſt en vain que l'on m'objecteroit que l'aumône doit être ſecrette & volontaire: Chrétiens! Je ne vous demande que les miettes qui tombent de votre table, & ce que j'exige n'eſt peut-être pas la vingtième partie de ce que vous devez aux pauvres, à la religion, à l'état & à l'humanité.

Voici la manière dont je claſſe les maiſons, en leur faiſant ſubir une taxe proportionnelle à leur loyer. Une ſuite d'opérations que j'ai faites ſur une aſſez grande quantité de maiſons, m'a prouvé que, généralement parlant, la fortune des particuliers, eſtimée le plus bas poſſible, eſt au moins au loyer de leurs maiſons comme un eſt à ſept, ainſi on ne doit pas trouver trop forte la taxe que je mets pour les pauvres.

1.ere Claſſe : mille maiſons au deſſus du loyer de 800 livres, payeront par année 96 livres.

2.me Claſſe : deux mille maiſons au deſſus du loyer de 500 livres, payeront par année 48 livres.

3.me Classe : trois mille maisons au dessus du loyer de 300 livres, payeront par année 24 livres.

4.me Classe : deux mille maisons au dessus du loyer de 125 livres, payeront par année 12 livres.

RÉCAPITULATION.

1000 *Maisons à* 96 *livres* . .	96000 *livres.*
2000 *Maisons à* 48	96000
3000 *Maisons à* 24	72000
2000 *Maisons à* 12	24000
TOTAL . . .	288000

Ajoutons l'aumône volontaire, les legs, les quêtes, & nous trouverons qu'il faudra diminuer la taxe ; car il est bien entendu qu'elle sera toujours proportionnelle aux besoins des pauvres : on ne l'augmentera pas sans une mûre délibération, & il y a tout lieu de croire qu'on ſera obligé de la diminuer. Les maiſons, les locations, au deſſous du loyer de 125 livres, ordinairement occupées par des pauvres, ne ſeront pas ſoumiſes à la taxe : l'inſpecteur du quartier recevra tous les mois dans ſon canton la taxe des pauvres ; il en verſera les deniers directement dans la caiſſe du receveur général, ſans frais, d'après un cadaſtre qui, une fois formé, ſervira juqu'à ce qu'il ſurvienne des changemens dans les maiſons d'un diſtrict.

Tel eſt le plan ſimple que je propoſe pour écarter la mendicité & rendre les pauvres utiles à l'Etat. En compoſant ce Diſcours, je ne me ſuis point déguiſé les objections qu'on peut me faire, & je penſe qu'il ſeroit facile d'y répondre. Plein de mon ſujet, j'ai ſuppoſé des liaiſons que mes Juges ſaiſiront ſans doute. Tendre ami des malheureux, je n'ai pas craint de montrer contre la fainéantiſe une haine vigoureuſe & profonde : j'ai traité les pauvres en frères & les riches en rois : j'accorde aux uns les douceurs de la ſociété, & j'ai bien auguré des largeſſes des autres ; enfin j'ai cru l'homme bon, compatiſſant, capable de faire bien quand on ſait employer ſes talens & le diriger vers le travail.

Avant que de terminer cependant cette ſeconde partie de mon Diſcours, je crois devoir encore une fois raſſurer les ames timides que toute idée de taxe révoltera peut-être, & je vais appliquer mes principes à un local particulier. Je me ſuis mis dans le point de vue le plus défavorable, pour donner à mon projet toute la force dont il eſt ſuſceptible ; mais on a dû ſentir que, rigoureuſement parlant, il n'eſt pas en France une ville un peu étendue, qui n'ait un patrimoine pour les pauvres, & que par ce moyen je ſuis perſuadé que la taxe ſur les maiſons, très-forte au premier coup d'œil, ſera reſtreinte preſque par-tout à une légère aumône : tel eſt le propre de la vérité de pouvoir ſe plier à tous les lieux, à tous les temps, à toutes les circonſtances. L'idée de l'impôt ſur les maiſons n'eſt pas neuve, & je crois devoir prévenir que c'eſt le moyen employé en Angleterre pour ſoulager les pauvres. Le plan que j'ai propoſé eſt donc pratiquable, puiſqu'il exiſte chez une nation voiſine & très-éclairée ſur les objets d'économie politique. Chaque paroiſſe à Londres fait la levée de l'impoſition pour les pauvres : toutes les maisons ſont taxées : cette impoſition eſt évaluée à vingt millions de nos livres ; ſomme énorme offerte à l'humanité. On propoſa il y a quelques années une adminiſtration gratuite, mais cette bonne œuvre eſt reſtée en projet, parce qu'à Londres, comme ailleurs, le métier de régiſſeur des pauvres enrichit.

La ville de Soiſſons n'eſt pas favorable pour l'établiſſement de nouvelles manufactures : le voiſinage de Paris, la nature de l'impôt, tout concourt à en éloigner les établiſſemens avantageux pour le peuple. La cherté des vivres eſt un obſtacle qui ſe joint encore à tous les autres, & cette cherté eſt due en partie à ce que la ville renfermant beaucoup de rentiers ou de gens qui ne peuvent avoir d'autre luxe que le luxe de conſommation, le peuple eſt ſans reſſource. C'eſt le long des côtes où le poiſſon eſt à vil prix, c'eſt dans les Villes libres, éloignées de Paris, où les alimens communs ne ſont pas engloutis par la vorace métropole, que l'on trouve des fabriques qui occupent utilement les hommes : il me paroît donc très-difficile, ſans des dépenſes énormes & peut-être en pure perte, d'attirer à Soiſſons quelques fabriques exiſtantes, à moins que le temps, qui fait tout, n'amène des circonſtances favorables. Etranger dans cette Ville je n'accuſerai pas les habitans d'indolence & de pareſſe ; la cauſe ſeule en eſt peut-être dans la nature du ſol de la

Province : tout y peut croître ; mais la vente du bled faiſant le principal commerce de Soiſſons, & cette vente ne ſuppoſant qu'un agioteur entre le fermier & le conſommateur, il n'en réſulte aucun emploi lucratif pour le peuple ; il reſte alors ſans énergie & ſans activité.

En réfléchiſſant ſur les différens moyens qu'on pourroit employer à Soiſſons pour occuper les pauvres valides, je ne vois de reſſource que dans la filature en laine ; & voici comme j'imagine qu'on devroit s'y prendre. Il faudroit faire venir, de l'Artois ou de la Flandre, deux fileuſes, auxquelles on donneroit un logement aſſez ſpacieux & quelques appointemens; on forceroit alors toutes les jeunes filles qui feroient aumônées, de travailler pendant le jour dans ces écoles : que trois ou quatre citoyens ſans oſtentation & zélés pour le bien public, écrivent à quelques fabricans de la Flandre ; toujours gênés par le défaut de fileuſes, on leur fournira de la laine peignée, & ils la renverront filée. Le port de ces matières ſeroit un petit objet de ſacrifice de la part de ceux qui formeroient une pareille entrepriſe. La livre de laine priſe à Roubaix, propre à filer *demi-fin*, coûte actuellement deux livres deux ſols ſix deniers ; elle ſe vend filée trois livres quinze ſols. Le bénéfice eſt donc pour la fileuſe d'une livre douze ſols ſix deniers. On lui paſſe en outre une once de déchet à la livre : la moins habile ouvrière file une livre de laine en trois jours ; le gain eſt donc à peu près de dix ſols par jour.

La filature eſt peut-être la voie la plus ſimple pour faire naître les fabriques dans un pays ; elles arrivent alors ſans violence , ſans ſecouſſes ; les hommes qui ont beſoin les uns des autres ſe pelotonnent toujours : au moral comme au phyſique , les corps ſimilaires s'attirent & s'uniſſent. On a établi , il y a quelques années à Bar-le-Duc une école de filature pour les enfans des deux ſexes , & où tous les pauvres peuvent venir demander de l'ouvrage : cette école a proſpéré au point d'occuper actuellement environ trois mille perſonnes : ce genre d'induſtrie étoit totalement inconnu avant 1767 : mais ce n'eſt pas de ces moyens ſecondaires dont je dois ici m'occuper principalement ; en attendant des actes de bienfaiſance qui peuvent être lents à avoir lieu , il s'agit d'appliquer au Soiſſonnois les principes répandus dans ce mémoire.

La ville de Soiſſons contient à peu près huit mille ames ; c'eſt, ſuivant la proportion qu'on a établie, ſeize cens pauvres qui ont beſoin de ſecours pendant trois mois, & cent cinquante pendant toute l'année. Je ſais très-certainement que ce nombre n'exiſte pas, mais j'aime mieux être accuſé d'augmenter cette maſſe d'indigens que de la diminuer. Seize cens pauvres donnent pendant trois mois à aſſiſter, ſix cens hommes, quatre cens femmes, ſix cens enfans, & cent cinquante autres pauvres de tout âge & de tout ſexe.

RÉCAPITULATION.

600	*Hommes pour trois mois, à 4 sols par jour*	10800. *liv.*
400	*Femmes* idem. *à 3 sols par jour* . . .	5400.
600	*Enfans* idem. *à 2 sols par jour* . . .	5400.
150	*Pauvres pendant toute l'année, à 3 sols par jour*	8100.
	TOTAL . . .	29700.

Huit mille ames donnent au moins huit cens maiſons, leſquelles, réparties ſuivant la régle que nous avons donnée, formeront quatre claſſes dans l'ordre qui ſuit : il eſt bon de faire obſerver que c'eſt aux citoyens qui adopteroient mon projet, à fixer à un taux plus bas les loyers déterminés par les claſſes ; en ſorte qu'on réduiroit par exemple la première au loyer de 600 livres, & la dernière à 100 livres. Je ne ſaurois trop répéter, que dans la première classe des maisons, j'entends n'en pas excepter une seule, pas même les Palais.... Si le maître de l'un d'eux, contre mon attente, se refusoit à la taxe, il faudroit lui dire; disciple de J. C. souvenez-vous que le sectateur de Mahomet est obligé d'appliquer le cinquième de son revenu, non à des actes de bienfaisance éclatante, mais à l'aumône proprement dite.

RÉCAPITULATION.

1.re Classe. 100 *Maisons à* 96 *liv. par année*	9600 *livres*.
2.me Classe. 200 *Maisons à* 48 *liv.* .	9600.
3.me Classe. 300 *Maisons à* 24 *liv.* .	7200.
4.me Classe. 200 *Maisons à* 12 *liv.* .	2400.
TOTAL . . .	28800.

Il ne manqueroit donc que neuf

cens livres pour remplir mon projet, & l'on a déja vu que je comptois aſſez ſur les reſſources extraordinaires, pour ne pas craindre qu'une auſſi modique ſomme pût arrêter l'exécution d'un plan uniquement fondé ſur la bienfaiſance & la charité.

Je terminerois ici mon Diſcours, ſi je ne prévoyois pas que quelques citoyens trouveront la taxe ſur les maiſons trop haute : je me ſuis mis exprès dans la diſette la plus grande, pour donner à mes principes toute l'extenſion dont ils ſont ſuſceptibles ; mais j'ai toujours eu ſoin d'avertir que la taxe propoſée n'étoit & ne ſeroit jamais qu'un ſupplément, perſuadé qu'il n'eſt pas de villes en France où l'humanité ait été entièrement abandonnée juſqu'à ce jour ; je ne me ſuis point heureuſement trompé.

trompé. Un nouvel ordre de choses se présente ici naturellement.

Soissons, comme la plupart des villes du Royaume, a un hôpital bien bâti, dirigé par des administrateurs intègres, & qui jouit de vingt-mille livres de rentes environ (*a*). Deux cens pauvres, dont la plupart sont valides, occupent cette maison; quelques-uns y paient une modique pension. Qu'on

---

(a) *L'hôpital a* 30 *muids de seigle* .	2250 *livres*.
50 *muids de bled*	7500.
En argent, environ	10000.
TOTAL	19750.

Il y a, dit-on, des charges, des rentes viagères, &c. Hâtons-nous de détruire l'hôpital pour que ces dépenses n'augmentent pas : on doit se rappeller la première partie de ce Mémoire. Vingt mille livres de rentes pour nourrir deux cens pauvres valides ! Le Roi ne paie pas si cher les défenseurs de l'Etat, uniquement occupés de son service,

ſe rappelle ce que j'ai dit des hôpitaux, & qu'on l'applique à celui dont je parle, on verra s'il n'eſt pas néceſſaire de détruire un pareil établiſſement. Les enfans de l'hôpital de Soiſſons ſont preſque tous rachitiques & mal ſoignés. Les hommes faits y ſont livides & ſans énergie : on y trouve une fabrique d'étoffe groſſière. Je n'ai pas le ſecret de l'adminiſtration, mais à coup ſûr, je parie qu'on perd ſur cette entrepriſe mal combinée, & dont la réuſſite eſt impoſſible dans mes principes. On devine bien où j'en veux venir : détruiſons l'hôpital afin que les pauvres ſoient meilleurs & plus actifs; augmentons le bien-être de nos concitoyens en donnant plus d'induſtrie au peuple, tout le monde participera à cet avantage réel. J'ai aſſez prouvé, je penſe, l'inutilité & le danger des hôpitaux pour revenir ſur cet objet, ainſi, notre taxe ſur les maiſons ſe trouve preſque déjà réduite par cette opération à un modique ſupplément, qu'il eſt encore poſſible de diminuer.

On offre dans les ſept paroiſſes de la ville de Soiſſons ſept pains bénis tous les Dimanches : en évaluant cette offrande à quatre livres par paroiſſe, nous taxons bien bas l'orgueil & la vanité. Supprimons cette cérémonie, & appliquons-en l'utile aux pauvres ménages, nous trouverons encore quatorze cens cinquante-ſix livres qui diminueront la taxe de cette ſomme. Il n'eſt pas inutile de prouver ici aux ames timorées, que la ſuppreſſion du pain béni n'a rien de contraire à l'eſprit du Chriſtianiſme : » Dans les premiers

» ſiècles de l'Egliſe, il étoit d'u-
» ſage de faire participer à la
» communion du pain, ceux qui
» avoient aſſiſtés à la célébration
» des Saints Myſtères, mais ayant
» trouvé de l'inconvénient dans
» cette pratique, à cauſe des mau-
» vaiſes diſpoſitions où pouvoient
» ſe trouver les Chrétiens, on
» reſtreignit la communion ſacra-
» mentelle à ceux qui s'y étoient
» duement préparés. Cependant
» pour conſerver la mémoire de
» l'ancienne communion qui s'é-
» tendoit à tous, on continua la
» diſtribution d'un pain ordinaire
» que l'on béniſſoit comme l'on
» fait de nos jours. Le pain ne
» porte pas plus de bénédiction
» que l'eau qu'on emploie pour
» le bénir; on peut donc s'en
» tenir à l'eau qui ne coûte rien,
» & ſupprimer la dépenſe du pain

» qu'on peut employer plus utilement ». On m'objectera peut-être que l'ancien uſage ne ſubſiſtant plus pour des cauſes particulières, il eſt bon d'en conſerver le ſigne : à cela, je réponds, que l'Egliſe a jugé la cérémonie du pain béni ſi peu néceſſaire au culte, qu'elle n'a pas lieu en Eſpagne, en Italie : en France même l'uſage, ſur ce point, n'eſt pas uniforme ; la préſentation du pain béni aux meſſes de paroiſſe, eſt une cérémonie tout-à-fait inconnue dans le Cambreſis, la Flandre & le Hainaut.

En réſumant ce que je viens de dire, on trouve qu'il en coûteroit, pour nourrir les pauvres de Soiſſons, ſuivant mon plan, 29700 livres. On gagne par les ſuppreſſions que j'indique 21206 livres ; il ne reſteroit donc plus que 8494 livres de fonds à faire, ce qui réduit la taxe ſur les maiſons de la première claſſe à 30 livres au plus, & celles de la dernière claſſe à 3 livres 15 ſols.

Je n'entrerai pas dans de plus longs détails, perſuadé qu'avec de l'économie, du zèle & de la bonne volonté, on trouvera encore mille autres moyens de ſoulager les pauvres, de recouvrer leur patrimoine, & de leur en faire une diſtribution auſſi juſte que ſimple.

FIN.

www.ingramcontent.com/pod-product-compliance
Ingram Content Group UK Ltd.
Pitfield, Milton Keynes, MK11 3LW, UK
UKHW021100260726
13994UKWH00002B/608

9 782329 431567